CÓMO HACER UN PLANETA

CÓMO HACER UN PLANETA

¿Qué tal si pudieras construir un planeta desde el principio?

Escrito por Scott Forbes   Idea de Ariana Klepac

LAROUSSE

Tu guía paso a paso

¿Así que quieres hacer un planeta? 6

¡Camino a seguir! 8

Una práctica línea del tiempo para todas las etapas del desarrollo de tu planeta.

Paso 1: Comienza con una explosión 10

Prepárate para comprimir el universo hasta el tamaño de un pequeño punto, antes de dejarlo reventar y volver a tener miles de millones de kilómetros de ancho en menos de un minuto.

Paso 2: Pon en marcha tus relojes 14

El tiempo comienza, pero apresúrate porque sólo quedan 17 minutos para que los protones y los neutrones formen los inicios de las primerísimas sustancias.

Paso 3: Trae las estrellas 20

Es momento de encender algunas luces: miles de millones de estrellas. En cuanto se enciendan llenarán tu universo de sorprendentes materiales nuevos.

Paso 4: Activa algunos planetas 26

Agrega un poco de polvo de estrellas y mira la formación de planetas bebés. Pronto se juntarán y comenzarán a orbitar una estrella.

Paso 5: Hornea a la perfección 32

Es hora de escoger un planeta que parezca adecuado: no demasiado caliente ni demasiado frío. Entonces habrá mucho más por cocinar.

Paso 6: Agrega una pequeña atmósfera 38

Cocina a fuego lento y al vapor, mezcla algunas rocas y hielo. Ahora crea cierta atmósfera para que la vida pueda comenzar.

Paso 7: Ajusta y da forma 42

Mantén el núcleo cocinándose para que la superficie se quiebre y cambie, las montañas se eleven y los valles se formen. Enfría ocasionalmente para añadir hielo.

Paso 8: Busca señales de vida 48

Agita la mezcla y mira de cerca para revisar lo que se está cocinando. Si tienes suerte, verás que la primera vida microscópica comienza a formarse.

Paso 9: Aplica los toques finales 54

La vida comienza a escaparse de las manos, con un montón de plantas y animales. Es momento de encontrar un lugar para cada cosa.

Paso 10: Cuida de tu planeta 60

No olvides hacer un poco de mantenimiento de vez en cuando, para conservar tu planeta en forma.

Datos asombrosos 62

Información vital sobre la Tierra y el universo.

Índice 63

¿ASÍ QUE QUIERES HACER UN PLANETA?

¿Crees que he conseguido todo lo que podamos necesitar?

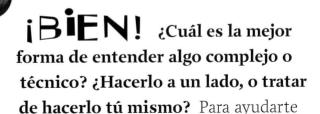

¡BIEN! **¿Cuál es la mejor forma de entender algo complejo o técnico? ¿Hacerlo a un lado, o tratar de hacerlo tú mismo?** Para ayudarte a entender tu mundo, este libro te mostrará cómo hacer un planeta, tal como en el que estás parado. Usando los más recientes experimentos científicos, descubrimientos y cálculos, te dirá exactamente lo que necesitas reunir y cómo pegar todo junto para crear una linda bola de roca del tamaño de la Tierra, que contenga vida, océanos, tierra, plantas, animales y humanos atractivos e inteligentes tal como tú.

Quizás algunas de estas cosas sean difíciles de lograr en la estancia promedio de una casa... Bueno, francamente imposible. Pero lo que no se puede hacer se puede imaginar, y al leer este libro no sólo comprenderás cómo surgió la Tierra, nuestro planeta, y aprenderás muchas cosas importantes sobre ella, sino que también empezarás a apreciar el lugar increíble que es, uno en un billón, ¡o más!

¿Estás listo? ¡Vamos!

Tiempo desde el Big Bang	Lo que está pasando	Hace cuántos años
0		13 700 millones
1 segundo	Se forman partículas microscópicas.	13 700 millones
3 minutos	Los protones y los neutrones se empiezan a unir.	13 700 millones
20 minutos	Los protones y los neutrones dejan de unirse.	13 700 millones
380 000 años	Se forman los primeros átomos. El espacio ahora es transparente.	13 699.62 millones
200 millones de años	Aparecen las primeras estrellas.	13 500 millones
700 millones de años	Las primeras galaxias toman forma.	13 000 millones

Hagamos una pausa aquí...

9 000 millones de años	Se forma el sistema solar.	4 700 millones
9 100 millones de años	Nuestro planeta rocoso toma forma.	4 600 millones
9 170 millones de años	Se forma el núcleo metálico sólido del planeta.	4 530 millones
9 310 millones de años	La corteza de la Tierra se endurece.	4 390 millones
9 400 millones de años	Se forma la atmósfera. Aparecen las primeras formas de vida.	4 300 millones
9 500 millones de años	Lluvias abundantes crean los océanos.	4 200 millones
9 700 millones de años	Se forma la corteza continental más gruesa.	4 000 millones
9 900 millones de años	El flujo de lava aumenta el grosor de la corteza. Disminuye el bombardeo de cometas y meteoritos.	3 800 millones
10 200 millones de años	Aparecen formas de vida productoras de oxígeno.	3 500 millones
11 300 millones de años	Se elevan los niveles de oxígeno en la atmósfera. Se forma la capa de ozono.	2 400 millones
12 700 millones de años	Surgen las primeras formas de vida multicelulares.	1 000 millones
13 260 millones de años	Aparecen los primeros animales y plantas.	440 millones
13 350 millones de años	Los altos niveles de oxígeno ayudan a que haya animales más grandes.	350 millones
13 500 millones de años	Los animales se extienden sobre la Tierra.	200 millones
13 695 millones de años	Evolucionan criaturas similares a los monos.	5 millones
13 699.8 millones de años	Surge la especie humana (*Homo sapiens*).	195 000
13 700 millones de años	¡Nuestro planeta como lo conocemos!	HO

¡Camino a Seguir!

¡EXTREMO! Formar un planeta te tomará toda la vida. He aquí una cronología de cómo se formó nuestro planeta Tierra, para usarla como guía.

Comienza con una explosión

¡BUM! Para despegar en el comienzo de un vuelo, necesitas alguna explosión. De hecho, en realidad una **Gran Explosión**. Una que enviará montones de cosas volando por todas partes, y creará poderosas fuerzas que tarde o temprano pondrán todas esas cosas juntas. Tiene que comenzar muy pequeña y crecer inimaginablemente grande, y tiene que ser tan fuerte que continúe por miles y miles de millones de años... tiempo suficiente para hacer tu planeta.

¡APLASTA! Antes que nada, necesitarás reunir toda la energía y materia del universo —absolutamente **toda**— y aplastarla hasta que esté miles de veces más pequeña que este punto. Sí, ese que está al final de la última oración. No sólo nuestro planeta, sino nuestro universo entero, comenzó siendo de ese tamaño.

Hace alrededor de 13 700 millones de años, toda la energía y la materia estaban comprimidas en un punto minúsculo y supercaliente que te costaría mucho trabajo ver aun con una poderosa lupa. No había nada más, ni espacio ni cielo fuera de él. Todo estaba contenido en ese punto. ¡Wow!

CÓMO HACER un PLANETA

¡DEJA QUE SE REVIENTE!

De pronto, el punto se expandió a una velocidad increíble. En una fracción de segundo era del tamaño de una toronja, y un instante después medía un kilómetro de ancho. En un minuto, tenía un diámetro de miles de millones de kilómetros. Ha estado creciendo desde entonces. Hoy, el universo es tan grande que no podemos ver sus extremos ni con el telescopio más potente de la Tierra; ya no digamos llegar a ellos.

AÑO LUZ

Para describir distancias enormes, los científicos usan el año luz, una medida de la distancia que la luz —la cosa más rápida del universo— recorre en un año. Un solo año luz equivale a 10 billones de km (10 000 000 000 000 km), y nuestro universo mide muchos **miles de millones** de años luz de ancho. Sí, es **grande**.

¡Sigue aplastando! ¡Tenemos que lograr reducir todo al tamaño de un pequeño punto!

GRANDES NÚMEROS

Hacer un planeta involucra algunos números muy grandes, así que será mejor que pienses en ellos de una vez.

- *Mil millones* es un millón mil veces: **1 000 000 000** (un 1 seguido por nueve ceros).
- *Un billón* es un millón de millones: **1 000 000 000 000** (un 1 seguido por 12 ceros).

Para ahorrar tiempo al escribir todos esos ceros, los científicos usan un atajo, insertando un número pequeño después de 10 para indicar el número de ceros. Así, 100 es 10^2, un billón es 10^{12} y así sucesivamente. ¿Entendido? ¡Bien!

El objeto más distante que se haya visto es una galaxia a 13 200 millones de años luz de la Tierra.

¡ESCUCHA! Sí, está bien, podrías decir. ¿La Tierra y todo lo demás vino de una minúscula mota? ¿Dónde está la prueba? Buena pregunta. Parte de la respuesta es que todavía podemos "oír" el Big Bang (la Gran Explosión). En 1964, dos científicos estadounidenses, Arno Penzias y Robert Wilson, usaban un enorme radiotelescopio cuando notaron un constante ruido de fondo y crujidos provenientes del espacio. Posteriormente, Penzias y Wilson se dieron cuenta de que lo que estaban escuchando era causado por la radiación de calor del Big Bang, que todavía se estaba extendiendo por el universo... como aún lo hace.

¡A LO LEJOS! Otra parte de la respuesta a tu pregunta es que también podemos ver los efectos del Big Bang. Escudriñando a través de telescopios gigantes, los científicos han notado que, en cada dirección a la que miran, las galaxias (grandes grupos de estrellas) más lejanas de la Tierra se alejan cada vez más. Esto sólo puede suceder si el universo se está expandiendo.

Como seguramente ya lo habrás deducido, esto significa que los objetos más lejanos son los más viejos. El objeto más distante que se ha visto es una galaxia que está a 13 200 millones de años luz. Esto quiere decir que tiene una edad de 13 200 millones de años y su luz ha tardado 13 200 millones de años en llegar a nosotros. ¡Así que la estamos viendo como era cuando el universo tenía sólo 500 millones de edad! ¡Radical!

? PIENSA A FUTURO

¿Se expandirá el universo por siempre? Muchos científicos piensan que así será. Eso significaría que en algún momento las estrellas se extenderían tanto que se quedarían sin energía, provocando que toda la vida en el universo dejara de existir. ¡Pero no te preocupes! Si eso pasara, sería dentro de muchos billones de años, quizá 10^{33} años.

¡APRETÓN!

Otros científicos han sugerido que en miles de millones de años el universo alcanzará su tamaño máximo y comenzará a contraerse, reduciéndose y reduciéndose hasta que, una vez más, sea del tamaño de un pequeño punto. Esta idea se conoce como **Big Crunch** o Gran Implosión. Y entonces quizá todo comience otra vez, con otro Big Bang.

Así que sigue aplastando. Reduce todo al tamaño adecuado, ¡y estaremos en marcha!

**¡Wow!
¡Creo que descubrí una nueva galaxia!**

PON EN MARCHA TUS RELOJES

TIC-TAC Tan pronto como el Big Bang comience, puedes poner tus relojes en marcha. ¡El tiempo ha comenzado! Y si todo va bien, algunas cosas asombrosas comenzarán a suceder. Si parpadeas, te las perderás.

¡ESPERA UN SEGUNDO!

En la primera fracción de segundo, pequeñas partículas llamadas quarks estarán zumbando alrededor, chocando entre ellas a una velocidad increíble. Pero a medida que tu universo se expanda, comenzará a enfriarse. Y cuando la temperatura baje la más mínima fracción, los quarks bajarán un poco la velocidad y comenzarán a unirse en grupos de tres para formar nuevas partículas llamadas protones y neutrones.

Entonces, antes de que tu reloj haya marcado un solo segundo, un montón de otras partículas habrán aparecido, incluyendo billones de unas realmente diminutas llamadas electrones.

1 SEGUNDO

Tiempo: *1 segundo*

- *El universo mide ya 1 km de ancho!*
- *Billones de partículas se mueven rápidamente.*
- *Supercaliente... ¡ouch!*
- *Oscuro... ¡necesitarás una linterna!*

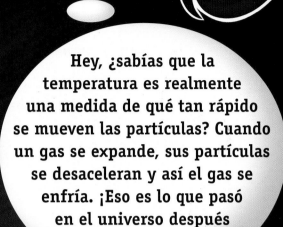

PRUEBAS DE CHOQUE

Quizá no logres recrear el Big Bang en la estancia de tu casa, pero hay científicos que están tratando de hacer algo similar en centros de investigación, usando enormes máquinas llamadas aceleradores de partículas. La más grande de ellas es el Gran Colisionador de Hadrones, ubicado cerca de Ginebra, en Suiza. Parecido a un tubo circular gigante, ocupa un túnel de 27 kilómetros de largo, a 90 m bajo tierra. Hace chocar protones a tremenda velocidad en un intento de separarlos en quarks y revelar más sobre las condiciones en que ocurrió el Big Bang.

Hey, ¿sabías que la temperatura es realmente una medida de qué tan rápido se mueven las partículas? Cuando un gas se expande, sus partículas se desaceleran y así el gas se enfría. ¡Eso es lo que pasó en el universo después del Big Bang!

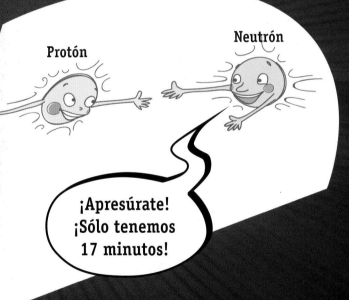

Protón

Neutrón

¡Apresúrate! ¡Sólo tenemos 17 minutos!

EMPAREJA TUS PARTÍCULAS

En tres minutos, con la temperatura ahora reducida a quemantes mil millones de grados, los protones y los neutrones se desaceleran y comienzan a combinarse, en un proceso llamado fusión nuclear. Esto forma pequeños grupos de hasta cuatro protones y cuatro neutrones. ¡Pero tienen que darse prisa! Los científicos han calculado que durante el Big Bang los protones y los neutrones ¡tuvieron **sólo 17 minutos** para juntarse! Después de eso, con la temperatura por debajo de mil millones de grados, no había suficiente calor para que la fusión nuclear continuara.

¿CUÁL ES EL PROBLEMA?

Así, después de 20 minutos tendrás algunos protones y neutrones que se han unido, pero la mayoría todavía andará volando por ahí. Un protón o un grupo de protones y neutrones forma lo que se conoce como un núcleo, el verdadero inicio de cualquier sustancia. Un solo protón es el núcleo de una sustancia llamada hidrógeno, y en este momento el núcleo de hidrógeno constituirá alrededor de tres cuartas partes de toda la materia en tu universo.

Casi todo el resto del universo serán núcleos de helio, cada uno formado por dos protones y dos neutrones. También habrá, sin embargo, pequeñas cantidades de otra forma de hidrógeno llamada

La fuerza que atrae cargas eléctricas positivas y negativas se llama electromagnetismo.

deuterio (un protón y un neutrón) y minúsculas trazas de litio (tres protones y tres neutrones) y berilio (con cuatro protones y cuatro neutrones).

¡Y eso es todo! Una gran masa arremoli[...] de esas sustancias, mezclada con inconta[...] neutrones e incluso diminutos electron[...] es todo lo que tendrás por algún tiempo[...] mmm, digamos 380 000 años o algo as[...] Sí, suena como una eternidad, pero es un parpadeo cuando de hacer planetas se trata. Así que ten paciencia.

Núcleo de helio

¡Asombroso!

Núcleo de hidrógeno

20 MINUTOS

Tiempo: *20 minutos*

- *Wow! El universo ahora mide billones de[...] kilómetros de ancho y en su mayoría est[...] formado por núcleos de hidrógeno y heli[...]*
- *Incontables electrones zumbando por ah[...]*

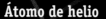

Átomo de helio

HAZ ALGUNOS ÁTOMOS

Unos 380 000 años más tarde, las cosas se han serenado un poco, la temperatura habrá descendido a unos cálidos 2 700 °C, y tus partículas se habrán desacelerado todavía más. Esto permitirá a los electrones, los cuales tienen una pequeña carga eléctrica negativa, comenzar a unirse con los protones de los núcleos, que tienen una pequeña carga eléctrica positiva (los neutrones no tienen carga). Cuando los electrones y los protones se unen, el trascendental resultado es —redoble de tambores— ¡el **átomo**!

¿Qué hay de emocionante en eso? Podrías decir. Bueno, los átomos son los ladrillos con los que está construido absolutamente todo. Así que éste es un gran momento. Si has llegado hasta aquí, date una palmadita en la espalda.

EN NEUTRAL

Dentro de un átomo, el núcleo está en el centro y los electrones —usualmente hay el mismo número de electrones que de protones— giran alrededor del núcleo. Los electrones se mantienen en su lugar por la atracción entre su carga negativa y la carga positiva de los protones. Esas cargas se anulan entre sí, de manera que un átomo es neutral.

Ésta es una tabla de todos los elementos conocidos en el universo.

¡ELEMENTAL!

Las sustancias más simples están formadas por un solo tipo de átomo y se conocen como elementos. En este punto, tu universo contendrá sólo cuatro elementos: hidrógeno, helio, litio y berilio, con el hidrógeno todavía formando tres cuartas partes de todo el material y el helio la mayor parte del resto.

Pero posteriormente más mezclas complejas de protones, neutrones y electrones te proveerán de un montón de otros elementos interesantes, incluyendo gases importantes como oxígeno y nitrógeno, metales como oro y hierro, y no metales como azufre y cloro.

PRIMERO DE LA CLASE

Es el número de protones en un átomo lo que determina qué tipo de elemento forma éste, y se llama **número atómico**. Por ejemplo, el hidrógeno tiene un protón, el helio dos, el litio tres y así sucesivamente. La Tabla Periódica —hay una en la pared de la mayoría de los salones de ciencias en las escuelas— es una tabla de todos los elementos, ordenados por número atómico. De manera que el hidrógeno es el número 1 en la tabla, el helio el número 2, el litio el número 3 y así sucesivamente.

Átomo de hidrógeno

CAMBIO REPENTINO

¿Y bien? ¿Los átomos no te impresionaron? ¡Sólo espera a ver lo que pueden hacer! Desde luego, no los verás en absoluto porque son extremadamente pequeños. Y tendrás que darles un poco de tiempo para que realmente se pongan en marcha. ¿Cuánto tiempo? Bueno, por lo menos 200 millones de años o algo así. Tiempo suficiente para mirar y disfrutar la vista, pues algo ha cambiado de repente.

ACLARÁNDOSE

Hasta ahora, todas esas partículas cargadas, especialmente los electrones, con carga negativa, han estado interponiéndose en el camino de las partículas de luz o fotones. Por esta razón, el universo era opaco, es decir, no se podía ver a través de él.

Pero ahora que las cargas positiva y negativa se han unido en átomos, las partículas de luz pueden hacer y deshacer aquí, allá y en todas partes. Así que, de pronto, el universo se ha vuelto transparente y todo es un poco más claro. Puede ser que esto no parezca demasiado impresionante: sólo una sombría extensión apenas iluminada por una red de luz enmarañada, pero uniformemente extendida. Bueno, ¡por lo menos puedes ver que ahí está!

TAN PEQUEÑO

Así como los científicos usan la notación científica para los números enormes, también la usan para los números diminutos. Por ejemplo, 0.0001 mm puede escribirse como 10^{-4} mm. Piensa en el 4 como el número de dígitos después del punto decimal, o el número de ceros más un 1. Así, 10^{-20} es lo mismo que 0.00000000000000000001, pero mucho más claro. Los átomos tienen un tamaño aproximado de 10^{-12} m. Otra manera de imaginarlos es pensar que caben millones de ellos en la cabeza de un alfiler.

380 000 AÑOS

Tiempo: *380 000 años*

- *Se forman los primeros elementos. ¡Genial!*
- *El universo se ha vuelto transparente.*
- *Si observas con atención, puedes ver una tenue red de luz.*

19

Trae las Estrellas

ENCIENDE LAS LUCES

Durante muchos años verás una extensión turbia, gaseosa, y te preguntarás si **nunca** va a suceder nada. Pero si miras con cuidado, notarás que, de manera lenta pero segura, están ocurriendo cambios, gracias a la gravedad.

La gravedad es la fuerza que atrae los objetos unos a otros, generalmente los más pequeños hacia los más grandes, ¡como tú hacia el suelo cuando te caes! En tu nuevo universo se formarán de manera gradual áreas ligeramente más densas de gases. Esas áreas ejercerán una fuerza gravitacional más fuerte que las áreas que las rodean y por ello comenzarán a atraer materia. Al paso de millones de años, como se volverán todavía más gruesas, su fuerza de atracción aumentará y el proceso se acelerará.

EN UN GIRO

Nubes más pequeñas y más densas aparecerán entonces dentro de esas áreas. Y, unos 200 millones de años después de tu Big Bang, algunas de esas nubes se contraerán y comenzarán a girar, creando un efecto como el de agua que se va por el desagüe, como un remolino.

A medida que los átomos en el centro de una de esas nubes se presionen unos contra otros, se moverán más rápido y la temperatura se disparará. Una vez que alcance unos ardientes 10 millones de grados o algo así, ocurrirán reacciones nucleares, liberando enormes cantidades de energía. Entonces el centro de la nube resplandecerá blanco y caliente y, ¡sorpresa!, una estrella nacerá.

200 MILLONES DE AÑOS

Tiempo: _200 millones de años_
- _Turbias nubes de gas por todas partes._
- _¡Hurra! ¡Las primeras estrellas aparecen!_

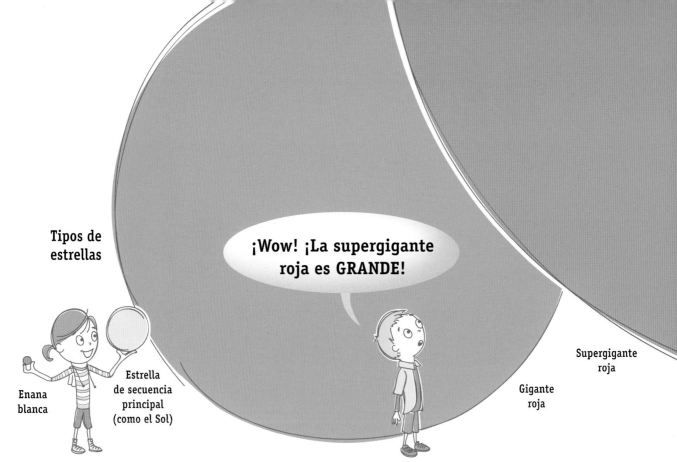

Tipos de estrellas

¡Wow! ¡La supergigante roja es GRANDE!

Enana blanca

Estrella de secuencia principal (como el Sol)

Gigante roja

Supergigante roja

VIDA DE LAS ESTRELLAS

Todas las estrellas se forman de este modo, pero crecen a diferentes tamaños y tienen diferentes tiempos de vida. Las estrellas más grandes generalmente consumen su energía más rápido y por lo tanto tienen vidas más cortas.

NEBULOSAS

La nube que da origen a una estrella se llama nebulosa. Por lo general, a una nebulosa le toma 40 millones de años convertirse en una estrella completamente formada, la cual entonces se conoce como una estrella de secuencia principal. Una estrella de secuencia principal normalmente permanecerá en condiciones óptimas durante unos 10 000 millones de años.

SE VAN CON UNA EXPLOSIÓN

A medida que se queda sin energía, una estrella comienza a hincharse hasta 40 veces su tamaño original, pulsa y resplandece con un color anaranjado rojizo, y es en ese momento cuando se le llama gigante roja, o supergigante roja si es realmente grande. Algunos miles de millones de años más tarde, pierde sus capas exteriores, produciendo otra nube de gas y dejando tras de sí un pequeño núcleo que va perdiendo calor y que se llama enana blanca, la cual perdurará durante miles de millones de años.

Ocasionalmente, sin embargo, una vieja estrella —generalmente una muy grande y que todavía tiene montones de energía— desaparecerá en un destello de gloria: una explosión colosal conocida como supernova.

REÚNE MÁS INGREDIENTES

Todos esos giros, incendios, quemazones y explosiones producirán un montón de sustancias nuevas. Y algunas de ellas serán muy útiles para tu nuevo planeta.

PODER ESTELAR

En el intenso calor causado por la formación de estrellas, grandes cantidades de protones y electrones se unirán para crear nuevos elementos: oxígeno, carbono, neón, hierro, nitrógeno, silicio, magnesio y azufre. Y cuando explotan estrellas gigantes, aún más elementos serán esparcidos por todo el universo. Algunos serán gases, pero algunos

Oxígeno

Oxígeno

Hidrógeno

Así es como se ve una molécula de agua.

INSTANTÁNEAS EN EL ESPACIO

Debido a que el ciclo de vida de una estrella es tan inmensamente largo, nadie ha visto el proceso completo. Pero la formación de estrellas está ocurriendo todo el tiempo, así que *podemos* ver estrellas en todos los estadios de su vida. La famosa constelación de Orión tiene tres estrellas que se conocen como la espada de Orión. La de en medio es un cúmulo de nubes de gas donde están naciendo estrellas. Y la estrella roja en el hombro izquierdo de Orión, Betelgeuse, es una supergigante roja.

tomarán la forma de motas de polvo, ¡las primeras partículas sólidas del universo!

PASAR EL RATO

De manera aún más sorprendente, diferentes tipos de átomos comenzarán a pasar el rato juntos, llevándose de maravilla y uniéndose para formar nuevas estructuras llamadas moléculas. Y las diferentes combinaciones de átomos en las moléculas crearán más y más sustancias. Por ejemplo, cuando dos átomos de hidrógeno hacen equipo con un átomo de oxígeno, ¡sorpresa!, tenemos agua. ¡De aquí en adelante las posibilidades son infinitas!

Se cree que la mayoría de los aproximadamente 90 elementos de formación natural que hay en la Tierra se formaron por primera vez ¡durante el nacimiento o la muerte de estrellas!

REVISA TU ESTRELLA

La estrella con la que estarás más familiarizado es la que ilumina tu vida: el Sol (sí, es una estrella). El Sol, una estrella de secuencia principal promedio, mide alrededor de 1 392 000 kilómetros de diámetro, más de 109 veces el diámetro de la Tierra. Al ser una estrella, el Sol consume energía a un ritmo fenomenal: unos 550 millones de toneladas de hidrógeno **por segundo**, pero por fortuna tiene muchas reservas. No te preocupes. Pasarán otros cinco mil millones de años o algo así antes de que llegue a la fase de gigante roja. Así que relájate.

Galaxia espiral

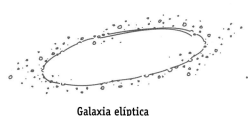

Galaxia elíptica

Galaxia irregular

COMPARA TUS GALAXIAS

Una por una, esas estrellas iluminarán tu universo. Pronto verás que algunas nubes de gas han dado origen a cientos o miles de estrellas, grupos conocidos como racimos. Y algunas de las nubes más grandes contendrán colecciones inmensas de millones o miles de millones de estrellas, llamadas galaxias.

700 MILLONES DE AÑOS

Tiempo: *700 millones de años*

* *Estrellas esparcidas por todo el universo.*
* *Mira, ¡las primeras galaxias comienzan a tomar forma!*

DANDO VUELTAS

Las galaxias se crean en tres formas principales: espiral, elíptica e irregular. Las galaxias espirales, con forma de rueda de fuegos artificiales, por lo general tienen una protuberancia en el centro y largos brazos giratorios de gas y polvo donde se forman las estrellas nuevas. Las galaxias elípticas tienen forma de pelota o de óvalo y contienen sobre todo estrellas más viejas y tienen poca energía para la formación de nuevas estrellas. Las galaxias irregulares son bastante pequeñas y no tienen una forma definida.

VÍA LÁCTEA

El Sol es una de alrededor de cien mil millones de estrellas en una galaxia espiral llamada la Vía Láctea. En una noche clara, busca y verás la banda blanca y difusa de estrellas que le dan su nombre. El Sol no está en el centro de la galaxia, sino en uno de los brazos de la espiral, el brazo de Orión.

En lo que a galaxias se refiere, la Vía Láctea es una grande y hermosa; mide cerca de 100 000 años luz de diámetro. Si pudieras viajar a lo largo de ella en una nave espacial como *Voyager*, de la NASA, que puede viajar a 17.3 km por segundo, ¡tardarías 1 700 millones de años! ¡Wow!

AGUJEROS NEGROS

En el centro de la mayoría de las galaxias hay un hoyo negro, un objeto enorme e increíblemente denso. Su fuerza gravitacional es tan poderosa que nada que se mueva cerca de él puede escapar, ni siquiera la luz, y, como recordarás, la luz es la cosa más rápida del universo. Ésta es la razón por la que los agujeros negros son negros, ¡no hay luz!

HORA DE TOMAR UN DESCANSO

Aunque la actividad de todas las estrellas ya no se detiene, pasará algún tiempo antes de que las condiciones sean las adecuadas para que tu planeta comience a tomar forma. ¿Cuánto tiempo? Bueno, podrían ser **miles de millones** de años. Bueno, ¡probablemente es tiempo para tener un poco de descanso!

Los científicos creen que cualquier objeto que pase cerca de un agujero negro será succionado y estirado en largas tiras delgadas antes de ser borrado. ¡Esto se conoce como espaguetización!

¡Oh, creo que debemos salir del camino de esta nebulosa estelar!

paso 4

ACTIVA ALGUNOS PLANETAS

¿TE SIENTES RENOVADO?

¡Grandioso! Mientras has estado dormitando, miles de millones de estrellas y galaxias han estado formándose, brillando y muriendo. Ahora, unos nueve mil millones de años después de tu Big Bang, es momento de empezar a revisar esas estrellas más de cerca. Observa con cuidado y quizás encontrarás que algunas están rodeadas por un disco giratorio de polvo y gas. Sí ése es el caso, ¡podría ser el comienzo de algo!

REVUELVE UN POCO DE POLVO

El disco de polvo alrededor de una estrella se llama nebulosa estelar. Dentro de esta masa giratoria habrá un caos. Millones de partículas sólidas estarán zumbando alrededor, rebotando y chocando unas con otras.

Gradualmente, algunas se quedarán pegadas y crecerán más grandes hasta que formen rocas arremolinadas de kilómetros de ancho llamadas planetesimales.

Y algunos cientos de miles de años más tarde, algunos de esos planetesinales se unirán para producir enormes bultos llamados protoplanetas; en otras palabras, planetas bebés. ¡Aaay, que lindos!

CALIENTE Y FRÍO

Cualquier protoplaneta que se forme cerca de tu estrella estará demasiado caliente para retener gases, agua o hielo, y por lo tanto será rocoso en su mayoría, como la Tierra. Sin embargo, un poco más lejos se pueden formar grandes bolas de gases alrededor de pequeños núcleos rocosos. Y aun más lejos, los planetesimales y los protoplanetas estarán principalmente hechos de hielo. ¡Brrr!

9 MIL MILLONES DE AÑOS

Tiempo: *9 mil millones de años*

- *Una gran nube de polvo y otros pedazos de materia están girando ahora alrededor de una estrella.*
- *Puedes ver planetesimales y protoplanetas comenzando a formarse en la nube.*

¡VAN ALREDEDOR!

Con forma de planetas de tamaño completo, se colocarán en órbitas alrededor de la estrella. Todos se moverán en la misma dirección y todos en el mismo plano o nivel. ¡Es como un enorme y lento carrusel!

¡**WOOSH!** Cuando la estrella alcance su tamaño completo, emitirá un estallido de energía llamado viento estelar. Esto barrerá la mayor parte del polvo y el gas restantes, dejando un conjunto bastante ordenado y limpio de planetas en órbita o, como lo conocemos, un sistema planetario. ¡Esto podría causar estragos en tu atractivo peinado!

CONOCE TU VECINDARIO

Nuestro sistema planetario, el sistema solar, se formó más o menos de esta manera hace unos 4 600 millones de años. Los planetas rocosos —Mercurio, Venus, Tierra y Marte— adoptaron órbitas cercanas al Sol. Los escombros y rocas que no se convirtieron en planetas se juntaron en una banda justo en las afueras de esos cuatro planetas rocosos, llamada cinturón de asteroides. Las colisiones entre esas rocas, o asteroides, a veces las envían a toda velocidad por todo el sistema solar. ¡Cuidado!

¿QUÉ HaY eN uN aÑo?

El tiempo que le toma a un planeta orbitar su estrella se llama año. Cuanto más lejos del Sol está un planeta, más larga es su órbita y más largo su año. A la Tierra le toma 365.25 días orbitar el Sol, lo que nos da un año de 365 días y un día extra cada 4 años (año bisiesto).

En Mercurio, el planeta que tiene la órbita más corta, un año tiene sólo 88 días terrestres. En otras palabras, no pasa tanto tiempo entre cumpleaños. En cambio, en Neptuno un año dura casi **165 años terrestres.** ¡De manera que no podrías llegar a tu primer cumpleaños ahí!

---

9 100 MILLONES DE AÑOS

Tiempo: *9 100 millones de años*
- *Los planetas comienzan a tomar forma.*
- *Los planetas se mueven en sus órbitas.*

PLANETAS GASEOSOS

Más allá del cinturón de asteroides, los planetas gaseosos —Júpiter, Saturno, Urano y Neptuno— se extienden a lo largo de un área enorme. Esos planetas son llamados "gigantes gaseosos" porque en su mayoría están hechos de gas y son mucho más grandes que los planetas rocosos. Cada gigante gaseoso tiene un pequeño núcleo denso y rocoso.

¡HOLA, PLUTÓN!

Aún más al exterior, una masa congelada mucho más pequeña, conocida como Plutón, hace una buena imitación de un planeta. Tanto que cuando fue descubierto en 1930 se pensó que era nuestro noveno planeta. Pero en 2006 los astrónomos decidieron no tenía ese grado y que es sólo uno de los muchos pequeños protoplanetas todavía rodeados por desechos. Pobre Plutón.

Plutón

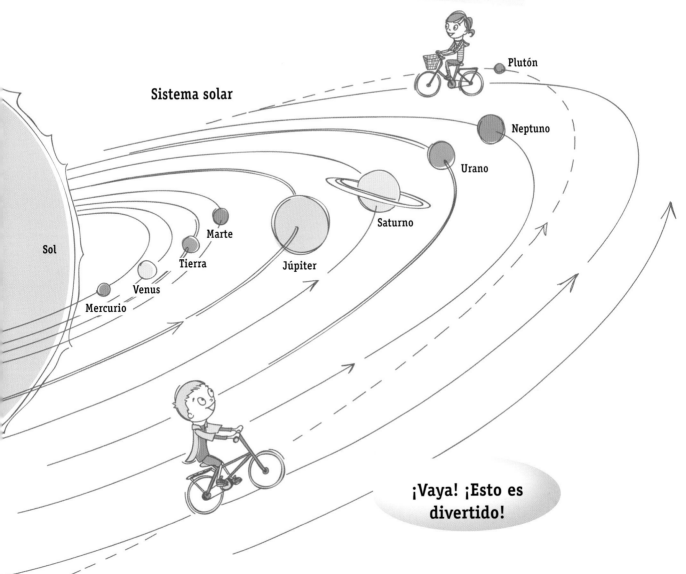

Sistema solar

Plutón

Neptuno

Urano

Saturno

Júpiter

Marte

Tierra

Venus

Mercurio

Sol

¡Vaya! ¡Esto es divertido!

CAMINO A OORT Se cree que miles de otros planetesimales congelados orbitan en una amplia banda más allá de Neptuno, la cual se conoce como el cinturón de Kuiper. Y fuera de ella, y rodeando todo el sistema solar, está la inmensa nube de Oort, que contiene billones de objetos congelados de varios tamaños, orbitando el Sol en todos los ángulos. Quizá no lo sabes, ¡pero está muy concurrido por ahí!

Esas áreas son la fuente de los cometas, trozos de hielo y polvo que a veces andan a la deriva por el Sistema Solar. Si un cometa se mueve cerca del Sol, se ve en el cielo como una luz brillante con una cola hecha de hielo que se vaporiza del cometa cuando se acerca al Sol, y se libera polvo cuando el hielo se vaporiza.

La distancia promedio de la Tierra al Sol es de 150 millones de kilómetros. Los astrónomos llaman a eso una unidad astronómica (UA). Neptuno está a unas 30 UA de la Tierra y Próxima Centauri a 271 000 UA. ¡Extremo!

¿PLANEAS UN VIAJE?

Ahora que estás más preparado, quizá quieras planear un viaje espacial. Pero antes de que alistes tu equipaje, será mejor que tengas una idea de qué tan lejos y por cuánto tiempo viajarás.

COCHE LENTO

La Luna , a sólo 385 000 km o algo así, es lo más lejos que un astronauta ha llegado. Si pudieras ir ahí en coche, manteniendo una velocidad constante de 100 km por hora, tardarías 160 días —más de cinco meses— en llegar y extender tu mantel de picnic. A la misma velocidad, tardarías 45 años en llegar al planeta más cercano, Venus, el cual, en su momento más cercano, está a 38 millones de kilómetros.

SERVICIO EXPRESS

Desde luego, sería mejor ir en una nave espacial. Los astronautas llegaron a la Luna en tres días. En 2005-06, la nave no tripulada *Venus Express* llegó a Venus en 153 días, aproximadamente cinco meses. Nada mal. ¿Pero qué tal si quisieras ir más lejos, más allá del Sol?

Lanzada en 1977, las sondas no tripuladas *Voyager 1* y *Voyager 2* están viajando a 17.3 km por segundo. Aun así, les tomó más de tres años llegar a Saturno (a 1 400 kilómetros de distancia) y *Voyager 2* tardó 11 años en alcanzar Neptuno (a 4 500 millones de km). Mmm, mejor posponemos esas vacaciones de verano en Saturno.

Y si planeas ir a las estrellas, olvídalo. La vecina más cercana al Sol es Próxima

OJO AVISOR

Los astrónomos están constantemente buscando otros sistemas planetarios que puedan ser como el nuestro. Unos cuantos cientos de planetas que orbitan otras estrellas han sido avistados. La mayoría son planetas gigantes gaseosos como júpiter, más que planetas rocosos como la Tierra. Sólo tendremos que esperar para descubrir si son tan especiales como tu planeta.

Centauri, una estrella pequeña, vieja y débil. Está a 4.22 años luz, lo cual no parece mucho hasta que recuerdas que son casi 4.22 billones de kilómetros. O 40 millones de millones de km, o 4×10^{13} km. Vamos, trata de escribir esos ceros.

Si *Voyager 2* continuara a su velocidad actual hasta Próxima Centauri, llegaría después de... espera un poco... ¡73 000 años!

Próxima Centauri 4.22 años luz

Sol 150 millones de km

Neptuno 4 500 millones de km

Muchos otros planetas tienen lunas, cuerpos que orbitan alrededor de ellos. ¡Júpiter tiene 64!

HORNEA a La PERFECCIÓN

ESCOGE UN PLANETA

Aproximadamente 9 millones de años después de que comenzaste, tendrás un conjunto de planetas girando alrededor de una estrella. Ahora tienes que escoger un planeta para que sea el tuyo. Desde luego, quieres uno bonito, sólido, rocoso. Y uno que esté justo en el lugar adecuado. ¡Escoge con cuidado!

CONTROL DE TEMPERATURA

La Tierra a veces es llamado el "planeta de Ricitos de Oro" porque, como el potaje que Ricitos de Oro prefirió en el cuento *Ricitos de Oro y los tres osos*, no es ni demasiado caliente ni demasiado fría, sino sólo adecuada. Esto se debe en parte a que está lo suficientemente lejos del Sol para mantenerse fresca, y lo suficientemente cerca para ser cálida. Pero esto también se debe a la influencia calmante de nuestro único satélite natural, la Luna.

9 160 MILLONES DE AÑOS

Tiempo: *9 160 millones de años*
- *Nuestro planeta ahora orbita el Sol.*
- *El planeta todavía está siendo bombardeado con molestos planetesimales y otros desechos.*

TAMBALEANTE

En sus primeros días , hace unos 4 540 millones de años, la Tierra era, como muchos jóvenes, animada pero un poco inestable. Como todavía lo hace, orbitaba el Sol mientras giraba sobre su propio eje, una línea imaginaria a través de su centro. Pero también giraba en forma más salvaje sobre su eje, tambaleándose como loca a su paso.

¡TUMP!

Cuando todavía era una niña tambaleante, la Tierra chocó de pronto con otro planeta más pequeño y los núcleos de los dos planetas se fusionaron. Otros restos

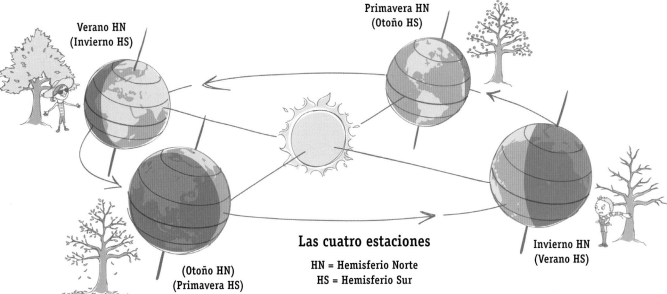

Verano HN
(Invierno HS)

Primavera HN
(Otoño HS)

(Otoño HN)
(Primavera HS)

Invierno HN
(Verano HS)

Las cuatro estaciones

HN = Hemisferio Norte
HS = Hemisferio Sur

EN EL LADO BRILLANTE

Como la Tierra completa un giro sobre su propio eje cada 24 horas, te mueves del día (el lado del planeta que da la cara al Sol) a la noche (el otro lado, oscuro). La inclinación del eje de la Tierra crea nuestras estaciones. A medio año, el Polo Norte se inclina hacia el Sol, por lo que es más cálido (verano, en otras palabras) en el Hemisferio Norte y más frío (invierno) en el Hemisferio Sur. Hacia el final del año, las estaciones se invierten.

se rompieron y comenzaron a girar alrededor de la Tierra recientemente expandida, y finalmente quedaron pegados entre sí y formaron la Luna, que todavía orbita nuestro planeta.

PODER DE ATRACCIÓN

No parece que la Luna esté haciendo mucho allá arriba, ¿verdad? No hay atmósfera, no hay gente, no hay diversión. Pero aunque la Luna es mucho más pequeña que la Tierra —aproximadamente un cuarto del diámetro de la Tierra—, todavía ejerce una gran influencia. Su atracción gravitacional no sólo causa las mareas en nuestros océanos, sino que también tiene un efecto estabilizador, reduciendo el tambaleo de la Tierra a no más de un grado.

Si no fuera por eso, las temperaturas en la Tierra serían mucho más extremas, y la vida, al menos como la conocemos, podría nunca haberse desarrollado. Así que cuando mires la Luna hazle un gesto de agradecimiento.

¡Uf! ¡Esas rocas están muy calientes!

AUMENTA EL CALOR

A medida que tu planeta toma forma, todavía estará chocando violentamente con rocas, meteoritos y cometas, su interior se estará cocinando y la mayor parte de su superficie seguirá siendo de hirviente roca fundida. Todo eso hará las cosas insoportablemente calientes por un rato. Oye, no te quejes, ¡eso es exactamente lo que quieres!

HEAVY METAL
Cuando la temperatura en tu planeta alcance un punto crítico, los metales más pesados se hundirán hasta el centro y formarán un núcleo sólido como una pelota de metal. Esta bola giratoria y supercaliente creará entonces un campo magnético. Y éste a su vez formará un escudo de radiación alrededor del planeta que lo protegerá de los peligrosos rayos cósmicos. ¡Qué ingenioso!

FELIZ CATÁSTROFE

La Tierra desarrolló un núcleo de hierro unos 10 millones de años después de que comenzó a formarse. Como este acontecimiento fue tan enorme y violento, los científicos se refieren a él de una manera sombría, como la catástrofe de hierro. Pero alégrate, ¡esto es realmente algo bueno!

DEJA QUE SE ENFRÍE

En los próximos 150 millones de años, a medida que más basura espacial se fusione con los planetas, habrá menos colisiones y tu planeta comenzará a enfriarse un poco. Gradualmente se formará una dura corteza. ¡Adorable!

POR DEBAJO

Los planetas rocosos en general tienen un núcleo de metales pesados, una capa media rocosa hecha de materiales más ligeros que suele llamarse manto, y una corteza. El núcleo de la Tierra está dividido en un centro interno sólido de hierro y níquel y un núcleo exterior líquido de hierro y níquel. De igual manera, el manto tiene una capa inferior sólida y una capa superior suave. Sus rocas están hechas principalmente de oxígeno, silicón y magnesio revueltos junto con un poco de hierro y aluminio. La corteza es rica en estos elementos también, pero está salpicada con otros ingredientes como calcio, sodio, potasio y azufre.

9170 MILLONES DE AÑOS

Tiempo: *9 170 millones de años*

- *Nuestro planeta ahora tiene un núcleo sólido de metal.*
- *Supercaliente por dentro y por fuera.*
- *La superficie es roca fundida, ¡ouch!*

ESCUDO ESPACIAL

El campo magnético de la Tierra es lo que hace que la aguja de una brújula apunte al Polo Norte. Este campo magnético se extiende miles de kilómetros en el espacio, protegiendo a nuestro planeta de la dañina radiación solar y del viento solar. Si de pronto este escudo desapareciera, el viento solar haría volar al espacio la mayor parte del agua de la Tierra, y la vida en la Tierra difícilmente tendría oportunidad de sobrevivir. ¡Caramba!

RADIOACTIVO

Muchos elementos de nuestro planeta, como el uranio, son radioactivos, lo cual significa que sus núcleos se rompen, emitiendo calor cuando lo hacen. Esa "radioactividad" produce hasta 80 por ciento del calor interno de la Tierra, manteniendo muy calientes las entrañas de la Tierra.

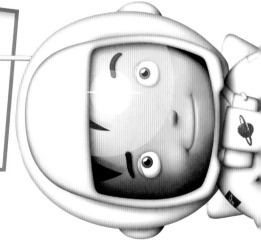

PRUEBA TU CORTEZA

Para esta etapa, tu planeta debería ser tranquilizadoramente sólido y pesado. ¿Y cómo está la corteza? ¿Todavía caliente? Delgada, ¿verdad? Dura, pero un poco frágil en algunos lugares, ¿no es así? ¡Sorprendente!

DE PIEL DELGADA

Hay unos 6 400 km desde cualquier lugar hasta el centro de la Tierra. Pero, en promedio, la corteza —el suelo debajo de tus pies— mide sólo 34 km de profundidad. Quizá lo imagines como la cáscara gruesa de una sandía, pero en términos de frutas, es más bien como la delgada piel de una manzana.

9 310 MILLONES DE AÑOS

Tiempo: *9 310 millones de años*
- *Finalmente nuestro planeta tiene ahora una corteza sólida.*
- *Sin embargo, ¡todavía es radicalmente caliente en el interior!*

¿CAVAR? Nadie ha logrado traspasar la corteza. ¿Quieres intentarlo? Ve por tu pala y comienza a cavar. Puede ser fácil al principio, pero muy pronto golpearás roca sólida. Quizá lo que necesitas es una excavadora mecánica gigante.

Aun si tu vecino te prestara una, todavía será un trabajo muy duro. Cuanto más profundo caves, encontrarás cada vez más calor. Apenas 3.9 km abajo, como la mina más profunda del mundo, cerca de Johannesburgo, en Sudáfrica, la temperatura será de insoportables 55 °C. Y de ahí en adelante aumentará entre 25 y 30 °C por cada kilómetro que desciendas. ¡Uf!

¡OUCH! El agujero más profundo que alguien haya cavado está en Rusia. La perforación comenzó en la década de

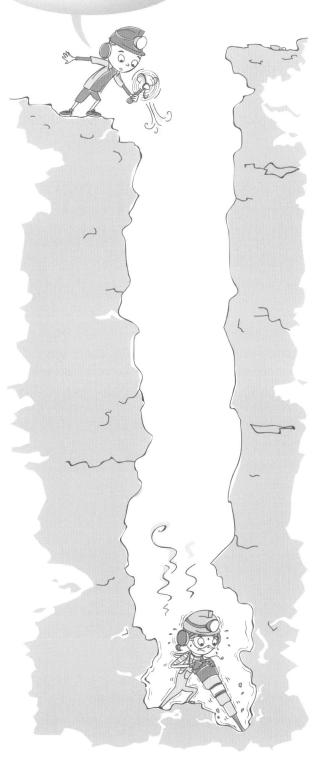

¡Se ve muy caliente allá abajo!

¿VIAJE AL CENTRO?

Si pudieras realmente cavar hasta el centro de la Tierra, y avanzar a un ritmo de 30 cm por minuto, te tomaría unos 40 años llegar ahí. Conduciendo un auto sin parar, a 100 km por hora, llegarías en menos de tres días.

1970 y para 1992 el agujero medía 12.3 km de profundidad. En ese punto, el trabajo se había detenido porque la temperatura había alcanzado 300 °C y las barrenas se estaban fundiendo. ¿Te lo imaginas?

REVISA EL CENTRO

Entonces, si nadie ha llegado más allá de la corteza terrestre, ¿cómo podemos saber qué hay debajo? Bueno, a veces los volcanes arrojan rocas del manto que son analizadas para conocer su composición.

Los científicos también estudian la evolución de las ondas sísmicas —ondas de choque de terremotos o explosiones provocadas por los mismos científicos— cuando pasan a través del interior de la Tierra. Al medir cuán rápido se mueven y se desvían, ellos pueden saber qué tipos de materiales hay allá abajo.

Agrega una pequeña Atmósfera

¡PERDÓN! Sí, eructos. Suena un poco asqueroso, ¿no crees? Y hace 4 300 millones de años, cuando esos gases formaron una delgada capa alrededor de nuestro planeta —nuestra atmósfera, como la conocemos—, la Tierra **no** habría sido un buen lugar para vivir. Además de vapor de agua, había grandes cantidades de dióxido de carbono, metano y amoniaco maloliente —todo lo cual es venenoso para los humanos— y casi no había oxígeno. Peor aún, la temperatura de la superficie era de más de 100 °C, mucho más caliente de lo que cualquier ser humano puede soportar.

SÓLO AÑADE AGUA

Con tu planeta cocinándose muy bien, pronto verás gases elevándose a través de agujeros en la corteza. Ahora necesitas añadir agua para crear ese ambiente cálido, húmedo y vaporoso que los seres vivos amamos. ¿Qué dices? ¿Tú no?

COCINA A FUEGO LENTO Y AL VAPOR

El intenso calor dentro de tu planeta continuará expulsando roca fundida a través de agujeros en la delgada corteza, formando volcanes y áreas más gruesas de corteza. También arrojará una serie de gases… eructos planetarios gigantes, se podría decir.

9 400 MILLONES DE AÑOS

Tiempo: *9 400 millones de años*
- *Una delgada capa de gases rodea nuestro planeta. Sí, ahora tenemos atmósfera.*

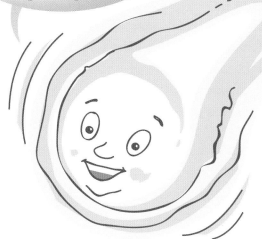

¡ENTREGA ESPECIAL!

3 300 millones de kg de agua.

TRAMPA DE CALOR

Debieron haber sido mortales y malolientes, pero algunos de esos gases ayudaron a formar algo verdaderamente vital. El vapor de agua, el dióxido de carbono y el metano atraparon el calor del Sol cerca de la superficie de la Tierra, manteniendo caliente al planeta. Esto se llama efecto invernadero y todavía cumple esa función vital. Sin él, el promedio de temperatura de la superficie de la Tierra sería de −18 °C. ¡Wow! ¡Eso haría castañetear los dientes!

MEZCLA ALGUNAS ROCAS
Al igual que erupciones volcánicas, tu planeta continuará experimentando impactos de cometas y meteoritos con regularidad. ¡Qué miedo!, quizá pensarás, pero, bueno, no es tan malo. Esos proyectiles añadirán algunos ingredientes útiles a la mezcla. En la Tierra, en esos tiempos primitivos, cometas de hielo depositaban continuamente enormes cantidades de oxígeno y agua cuando se precipitaban al suelo y se fundían. ¿Y qué sucede cuando viertes agua sobre algo muy caliente, como tu planeta lo será? Sí, se convierte en vapor.

CUERPO DE AGUA

En el año 2000, unos astrónomos vieron al cometa LINEAR derretirse y romperse al acercarse al Sol. Calcularon que contenía 3 300 millones de kg de agua, ¡suficiente para llenar un pequeño lago!

Grandes gotas de lluvia que cayeron en el sur de África hace 2 700 millones de años formaron pequeños cráteres sobre ceniza volcánica que todavía se pueden ver hoy en estado fósil.

DEJA QUE CAIGAN

Permite que tu vaporoso planeta se enfríe más. Cuando la temperatura descienda, algo del vapor de agua de la atmósfera formará nubes. Pronto, las primeras gotas de lluvia comenzarán a caer. ¡Por fin habrá algo de clima!

VA A LLOVER...

Un día en la Tierra, hace unos 4 200 millones de años, comenzó a llover. Y continuó lloviendo. No sólo durante días o unos cuantos años, sino quizá la mayor parte del tiempo, y casi en todas partes, por miles y miles de años. ¡Extremo!

... Y LLOVER

Esto enfrió más el planeta, permitiendo que el agua corriera por su superficie. Pronto, torrentes de agua cubrieron valles y llenaron huecos. Y a medida que continuaba lloviendo a cántaros y los cometas seguían aportando suministros adicionales de agua y la Tierra continuaba enfriándose, el agua se extendió por enormes zonas bajas y se formaron los primeros océanos.

9 500 MILLONES DE AÑOS

Tiempo: 9 500 millones de años

- *Estás aburriéndote con la lluvia por ahora.*
- *¡Mira, creo que los océanos se están formando!*

... Y LLOVER

Pronto tu planeta estará bastante empapado también. Pero todavía estará lleno de calor proveniente de ese interior al rojo vivo. Combinado con el efecto de calentamiento de tu estrella, esto hará que parte del agua se evapore (que del estado líquido se convierta en vapor de agua) y haya más nubes —como lo habrás adivinado— y más lluvia. ¿Nunca se detendrá?

CICLO DEL AGUA

Bueno, esperemos que no, porque esto es lo que llamamos ciclo del agua y todavía es una parte vital de nuestro clima. El agua se evapora de los océanos y lagos y se eleva en el aire como vapor de agua. Ahí se condensa para formar pequeñas gotas que, en gran cantidad, forman las nubes. Agitadas aquí y allá por las corrientes de aire, las gotas de agua dentro de las nubes chocan y se juntan para formar gotas más grandes. Una vez que esas gotas alcanzan cierto tamaño, caen del cielo como gotas de lluvia. Entonces el agua corre por los ríos y regresa a los lagos y mares, y el proceso comienza otra vez.

ALMACENAMIENTO DE AGUA

Cuanto más grandes crezcan los océanos, más vigoroso se volverá el ciclo. Y como la superficie se enfría de manera constante, esos océanos se convertirán en el principal regulador del clima en tu planeta.

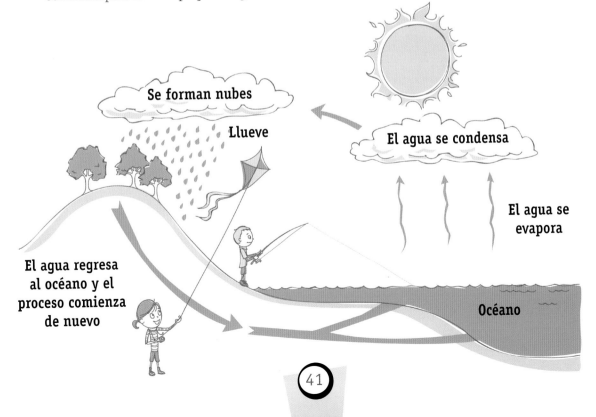

Se forman nubes

Llueve

El agua se condensa

El agua se evapora

El agua regresa al océano y el proceso comienza de nuevo

Océano

Ajusta y da Forma

¡No creo que pueda soportar esto por **mucho tiempo!**

ROMPIMIENTO Así que ahora tienes un bonito planeta sólido con una corteza dura (pero delgada) y una atmósfera acogedora y húmeda. Pero esa corteza no se quedará quieta, ¿verdad? Se agrieta y se desplaza, empujando algunas partes hacia arriba y sumergiendo otras en el mar. Pero no te frustres ni intentes usar pegamento y cinta adhesiva. Esto es sólo parte del proceso.

Dentro de tu nuevo planeta hay una planta de energía. El calor del núcleo intensamente caliente hará la parte inferior del manto más caliente que la parte superior. Esto ocasionará que la roca fundida más caliente, o magma, ascienda hacia la superficie. Ahí se extenderá por debajo de la corteza, se enfriará y se hundirá. Entonces será recalentada y comenzará a subir de nuevo. Este ciclo de ascenso y hundimiento del magma se llama convección.

ROMPECABEZAS GIGANTE

La convección empuja y tira de la corteza, abriendo grietas en grandes pedazos de corteza conocidos como placas. Esta es la razón por la que tu corteza se verá como un rompecabezas... ¡uno que no puede estar quieto! La convección mantendrá las placas en movimiento, con algunos resultados muy impresionantes.

TIERRA EN MOVIMIENTO

En las partes donde el calor está aumentando, las placas de la Tierra se alejan unas de otras y el magma de abajo se filtra a través de las grietas para formar nueva corteza. Bajo el mar, esas grietas se llaman dorsales oceánicas. En tierra son conocidas como valles de rift.

MONTAÑAS

Al alejarse las placas unas de otras por una de sus orillas, van a chocar con otras placas por sus otras orillas. En las partes donde las placas chocan, pueden suceder diferentes cosas. Por ejemplo, dos placas gruesas pueden plegarse entre sí y empujar la tierra hacia arriba. Cuando esto sucede se forman montañas.

VOLCANES

Cuando una placa gruesa se encuentra con una delgada, la placa gruesa generalmente se coloca encima y presiona hacia abajo a la placa delgada, que se hunde en el manto. Sin

Las placas de la Tierra se mueven aproximadamente al mismo ritmo en que crecen las uñas de tus dedos.

embargo, la placa gruesa tiende a torcerse y dividirse por el borde. Esto permite que el magma ascienda por las grietas, creando cadenas de volcanes.

MACHACANDO

A veces las placas no se encuentran de frente, sino en un ángulo. Cuando esto ocurre, las placas se deslizan una contra la otra, moviéndose en direcciones opuestas o en la misma dirección a diferentes velocidades, machacando sus orillas al desplazarse.

9 700 MILLONES DE AÑOS

Tiempo: *9 700 millones de años*

- *La corteza completa se quiebra en grandes pedazos. ¿Qué está pasando?*
- *Ahora tenemos algunas áreas más gruesas de corteza. Ah, ¡eso es! Son los continentes.*

A LA DERIVA

Esos movimientos se conocen como tectónica de placas o deriva continental. En la Tierra los continentes han estado reacomodándose prácticamente desde que el planeta se formó, cambiando constantemente su forma, posición y número.

Pangea

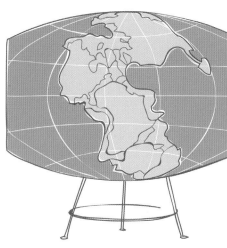

SUPERCONTINENTE

Hace doscientos millones de años, por ejemplo, todos los continentes de la Tierra estaban unidos en un supercontinente conocido como Pangea. Entonces se separaron gradualmente y se desplazaron hasta tomar las formas que tienen hoy. Dentro de millones de años, ¡los continentes podrían ser completamente diferentes de nuevo!

9 900 MILLONES DE AÑOS

Tiempo: *9 900 millones de años*
- *¡Wow! Enormes fluidos de lava se suman a la corteza.*
- *¡Por lo menos están disminuyendo los bombardeos de cometas y meteoritos!*

REVISA EL DESGASTE

Una vez que los desplazamientos y el agrietamiento se ponen en marcha, puedes notar que tu corteza está cambiando por todas partes, no sólo en los bordes de las placas. En cuanto las montañas se alzan, comienzan a desgastarse. Aparecen canales en medio de los continentes. Pedazos de tierra se deslizan dentro de los valles y se precipitan al mar. ¡Wow! ¿Qué está pasando!

AGITE BIEN

Donde ocurren colisiones de placas, a veces sentimos vibraciones a las que llamamos terremotos. Cada día ocurren en la Tierra unos 8 000 pequeños terremotos y difícilmente los percibimos. Pero unos 800 grandes terremotos afectan a nuestro mundo cada año. Los más grandes pueden destruir edificios, puentes y carreteras y provocar grandes pérdidas de vidas.

Los continentes en la actualidad

ACARREO

Los vientos también desgastan las rocas y soplan el polvo. La lluvia deslava rocas y lodo hacia los ríos y lleva tierra a los océanos. Las olas golpean la costa y pedazos de tierra se desprenden y caen al mar. Ésta es otra forma de erosión.

DESMORONAMIENTO

Quizá parezca delgada, ligera y esponjosa, pero la atmósfera de tu planeta puede destruir rocas y derribar montañas. La combinación de químicos en tu joven atmósfera convertirá la lluvia y el agua de la superficie en un ácido suave. Este ácido penetrará en las rocas sólidas, desgajando capas y formando los primeros suelos, lodos y arenas. Al mismo tiempo, los cambios regulares en la temperatura —entre el día y la noche, el verano y el invierno— también hará que las rocas se partan y se desmoronen. Este tipo de desgaste se llama erosión.

ROCK AND ROLL

Una vez en el mar, las rocas, lodo y arena se hundirán hasta el fondo marino. Durante millones de años, estos sedimentos, como se les conoce, se apilarán y las capas superiores presionarán a las inferiores, comprimiéndolas para formar nueva roca.

La nueva roca quizá permanezca bajo el mar. O tal vez sea arrastrada dentro del manto. O podría ser demolida y convertida en tierra por las colisiones de placas, y entonces la atmósfera comenzará a trabajar sobre ella de nuevo. A todo este proceso se le llama ciclo de las rocas.

> **Las rocas más antiguas que se han encontrado en la Tierra fueron descubiertas en Canadá y tienen 4 300 millones de años.**

LOS TRES TIPOS DE ROCA

Todo esto ocurre todavía a tu alrededor cada día, y resulta en tres tipos principales de roca. Las que se forman bajo los océanos se llaman rocas sedimentarias. Las rocas que se forman cuando la lava se enfría sobre la superficie son conocidas como rocas ígneas. Cuando las rocas ígneas o sedimentarias son empujadas dentro del manto, pueden ser tan quemadas y aplastadas que se convierten en lo que se conoce como roca metamórfica.

¡NO HAY PROBLEMA!

Todo este desgaste es excelente porque ayudará a crear y extender buenos suelos, y producirá paisajes extraños y maravillosos para que los disfrutes: colinas y montañas, pináculos y agujas rocosas. Para ayudar, asegúrate de que haya mucha agua y de mantener los cambios de temperatura.

Desde luego, si exageras el enfriamiento, encontrarías que parte de tu planeta se congela. Simplemente deja que las cosas se reacomoden y el hielo se derretirá gradualmente. Pero esto puede tomar un buen rato, y el hielo dejará su marca.

GLACIACIONES

Se sabe que la Tierra atravesó varios periodos de intenso frío, usualmente conocidos como glaciaciones, cuando gran parte de la tierra fue cubierta por capas de hielo y largos ríos de hielo llamados glaciares. Las capas de hielo suavizaron grandes áreas de roca, mientras que los glaciares formaron profundos valles en forma de U que todavía se pueden ver hoy día.

La primera glaciación conocida ocurrió hace aproximadamente 2 400 millones de años. La última comenzó hace 2.6 millones de años y todavía está en curso. Oh, ¿no lo habías notado? Bueno, los casquetes y los glaciares polares actuales lo demuestran. Aunque la temperatura es muy soportable

ahora, hace 21 000 años las capas de hielo cubrían gran parte del norte de Europa, Asia y Norteamérica y hacía mucho más frío.

Todavía estamos viviendo una glaciación que comenzó hace 2 600 millones de años.

BUSCA SEÑALES DE VIDA

EN LAS PROFUNDIDADES

En la vaporosa atmósfera tipo invernadero de tu planeta han comenzado a aparecer señales de vida, aunque puede ser que no lo hayas notado. 9 400 millones de años después de tu Big Bang, en algún lugar de esos recién formados océanos, los primeros seres vivos pueden ya haberse formado.

REVOLVER LA SOPA

Y eso es muy sorprendente porque, durante un larguísimo periodo, tus océanos serán una profunda, oscura e hirviente sopa tóxica de químicos. ¡Ugh! Es difícil imaginar que algo pudiera vivir ahí.

Por otra parte, esos mares proporcionan protección para muchos de los peligros que hay en la superficie del planeta, como cometas, lava, radiación, etcétera. Y la gran variedad de ingredientes ahí abajo resultará en montones de nuevas sustancias. Así que algo se podría estar gestando. ¡Vamos, revuelve bien la sopa!

PEQUEÑOS COMIENZOS

Se cree que hace 4 300 millones de años, reacciones químicas en las profundidades de los océanos de la Tierra produjeron las primeras moléculas que se podían reproducir, o replicar, por sí mismas. Los primeros seres vivientes autorreplicantes,

Las células son los ladrillos de construcción de todas las formas de vida, parcelas microscópicas que producen y transportan los químicos que los seres vivos necesitan para sobrevivir. ¡Tú estás hecho de billones de ellas!

MUNDO OCULTO

Hasta la década de 1970, parecía improbable que la vida hubiera emergido por primera vez en el fondo del océano. Fue entonces cuando los científicos comenzaron a explorar en el fondo del océano estructuras llamadas respiraderos hidrotermales, donde agua sobrecalentada y químicamente rica se levanta sobre la corteza. Encontraron comunidades enteras de organismos que crecen ahí, a pesar de la falta de luz, el intenso calor y una mezcla de químicos que mataría a la mayoría de las demás formas de vida.

¡Creo que veo algo cerca de esos respiraderos hidrotermales!

que aparecieron poco después, fueron bacterias hechas de una sola célula (una pequeña bolsa en la cual podían ocurrir esas reacciones químicas). Las bacterias eran primitivas y no había mucho que mirarles (ni siquiera a través de un microscopio), ¡pero estaban vivas!

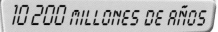

10 200 MILLONES DE AÑOS

DEJA QUE BURBUJEE

Dentro de otros 800 millones de años, a medida que tus océanos se enfríen, otro tipo de organismo unicelular llamado cianobacteria debería aparecer cerca de la superficie del mar. Y, si todo va bien, esas bacterias comenzarán a hacer algo que transformará absolutamente el planeta. Usando energía del Sol, absorberán dióxido de carbono para hacer moléculas de azúcar y (ésta es la parte vital) liberar oxígeno, un truco al que llamamos fotosíntesis.

Tiempo: *10 200 millones de años*

- *¡Hurra! Por fin el planeta se está enfriando.*
- *Bacterias marinas produciendo oxígeno.*

Podemos demostrar que esto sucedió en la Tierra por dos razones. Primero, porque se han encontrado cianobacterias fosilizadas que datan de hace 3 500 millones de años. Y, segundo, sorprendentemente ¡las cianobacterias todavía andan por ahí! En lugares como la bahía Shark, en el occidente de Australia, ellas habitan bahías saladas y forman grupos de extrañas estructuras rocosas en forma de cúpula llamadas estromatolitos.

APLICA PROTECTOR SOLAR

¡El comienzo de la fotosíntesis es un momento verdaderamente mágico! De ahí en adelante, el proceso incrementará lenta pero constantemente los niveles de oxígeno en tu planeta. Y el oxígeno es una sustancia que muchísimos seres vivos requieren, en una forma o en otra, para sobrevivir.

OXIDA

Pasará mucho tiempo, sin embargo, antes de que exista suficiente oxígeno para respirar. Inicialmente, el oxígeno estará en los océanos y en el suelo, creando miles de minerales nuevos, especialmente los compuestos llamados óxidos. Uno de ellos es el óxido de hierro, al cual llamamos simplemente óxido, y comenzará a formarse sobre rocas. (Puedes ver esas capas rojizas en algunas rocas antiguas).

VIDA SALVAJE

Hay muchas teorías sobre los orígenes de la vida en la Tierra. Algunas personas (incluyendo famosos científicos) han sugerido que formas de vida primitiva fueron enviadas a la Tierra por alienígenas. Otros han afirmado que llegaron a bordo de cometas o meteoritos. Esta idea puede no ser tan descabellada, pues se ha comprobado que algunos meteoritos contienen químicos orgánicos que son un ingrediente fundamental de la vida.

La capa de ozono de la Tierra se formó hace unos 2 400 millones de años y todavía nos protege hoy, desviando hasta el 99 por ciento de toda la radiación ultravioleta. De no ser por ella, ¡todos estaríamos fritos!

HACIA ARRIBA

Pero entonces el oxígeno comenzará a elevarse a la atmósfera en forma de gas. Parte de él se ubicará a unos 30 o 40 km de altura en la atmósfera y formará una delgada pero importante capa llamada capa de ozono. Ésta bloqueará la radiación ultravioleta del Sol, que daña las células, y con ello mejorará las condiciones para la vida.

11 300 MILLONES DE AÑOS

Tiempo: *11 300 millones de años*

- *Los niveles de oxígeno en la atmósfera van en aumento.*
- *Formación de la capa de ozono. Ahora es seguro tomar un baño de Sol.*

INFLACIÓN
Alrededor de 11 300 millones de años después de tu Big Bang, el 0.1 por ciento de la atmósfera será oxígeno, y 400 millones de años después aproximadamente el 3 por ciento será oxígeno. A medida que los niveles de oxígeno aumenten, la vida tomará nuevas formas. Pero no te emociones demasiado: en esta etapa todavía serán bacterias unicelulares prácticamente invisibles y confinadas al mar por otros mil millones de años o algo así.

Entonces, sigue revolviendo.

¡Esos trilobites son lindos!

SUAVES Y FLEXIBLES

Las primeras criaturas con más de una célula, y las primeras que realmente podrás ver, aparecerán unos 12 700 millones de años después de tu Big Bang. Quizá se parezcan un poco a las algas o las esponjas. Poco después se les unirán otras criaturas suaves y flexibles, tal vez parecidas a las medusas.

Todo esto es más emocionante de lo que parece, pues aquí tienes las primeras formas de vida multicelulares que se alimentan de comida. O, como tú y yo podríamos llamarlos: animales.

¿CÓMO LO HICIERON?

Nadie sabe con seguridad cómo fue que las formas de vida unicelulares de la Tierra se convirtieron en multicelulares con cuerpos, ojos y todo lo demás. Quizás algunas células comenzaron a trabajar juntas, se llevaron bien, entrechocaron esos cinco y dijeron: ¡Volvamos a hacer esto por algún tiempo!, y entonces comenzaron a juntarse en cantidades mucho mayores. ¡O algo así fue lo que pasó!

12 700 BILLONES DE AÑOS

Tiempo: *12 700 billones de años*

- *Los niveles de oxígeno todavía están en aumento.*
- *Ahora puedes ver a las primeras criaturas nadando en el mar. ¡Fantástico!*

FÓSILES

Cualquiera que sea el caso, por los fósiles sabemos que hace mil millones de años existieron criaturas multicelulares. Y que hace unos 550 millones de años de pronto hubo montones y montones de ellas, especialmente unas llamadas trilobites, criaturas con caparazón duro que parecían cochinillas y que variaban en tamaño desde unos cuantos milímetros hasta la medida de una rueda de bicicleta.

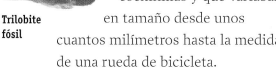

Trilobite fósil

ALERTA

Si las cosas van de acuerdo con lo planeado, tus mares ya estarán llenos de vida: medusas, peces, insectos acuáticos. Pero hay que cuidar esas criaturas, pues sólo se necesitan unos cuantos volcanes furiosos, una desagradable ola de frío o la caída de un meteorito y —¡ups!— la mayoría de tus formas de vida podrían ser aniquiladas en un instante. Hace casi 440 millones de años, alrededor de la mitad de las criaturas de la Tierra desaparecieron de repente. La causa más probable de esto fue una repentina y severa glaciación, quizás empeorada por enormes erupciones volcánicas.

RECUPERACIÓN

Si te encuentras con una gran extinción, no te asustes; no es el fin del mundo (bueno... probablemente no). Ya lo ves, la vida es tenaz. Esto significa que persiste y sobrevive donde no creías que pudiera hacerlo, y sigue buscando nuevos lugares para vivir. Muy pronto se extenderá por todo tu planeta.

APLICA LOS TOQUES FINALES

¡TIERRA A LA VISTA!

Con la vida en marcha, necesitas asegurarte de que las condiciones son adecuadas para que se extienda a lo largo y ancho. Tarde o temprano, algunas formas de vida van a salir de los mares oscuros y se encaminarán a tierras secas, donde quieres que florezcan.

PREPARA TU SUPERFICIE

Para mejores resultados, tus continentes deben tener un suelo lo más rico posible. Desde luego, ya tienes esa cosa llamada erosión, que continúa y ha creado algunos suelos primitivos. Aún mejor, las primeras plantas y animales que lleguen a tierra te brindarán una gran ayuda.

AQUÍ VIENEN

Es probable que las primeras formas que emerjan del mar, como fue el caso de la Tierra hace aproximadamente 440 millones de años, sean algas, bacterias y ácaros en miniatura.

Las algas se desarrollarán lentamente como pequeñas plantas, cuyas raíces ayudarán a romper el duro suelo rocoso.

Mientras tanto, los ácaros y las bacterias también se pondrán a trabajar liberando químicos al suelo que ayudan a descomponerlo, masticando la suciedad y la materia vegetal y escupiéndola, cavando en la tierra y, más útil aún, muriendo en el suelo. Pronto tendrás tu primera composta, que las plantas simplemente aman.

TODO SE VOLVERÁ VERDE

Dentro de unos cuantos millones de años comenzarás a ver brotes verdes cada vez más grandes salir de la tierra por todas partes. Algunas plantas comenzarán a producir pequeñas semillas que se esparcirán a todos lados gracias al viento. Dentro de 40 millones de años, quizás empieces a reconocer algunas plantas, como los helechos.

13 260 MILLONES DE AÑOS

Tiempo: *13 260 millones de años*
- *Aaah, agradable y húmedo por todas partes.*
- *Plantas y pequeñas criaturas aparecen en tierra. ¡Grandioso!*

ARRASTRARSE
Mientras tanto, animales cada vez más grandes aparecerán en tierra, tal vez milpiés, arañas, pequeños anfibios e insectos. En este punto el mundo está lleno de criaturas que se arrastran.

Al igual que las cianobacterias, las plantas realizarán la fotosíntesis (absorber dióxido de carbono y liberar oxígeno, ¿lo recuerdas?) y los niveles de oxígeno aumentarán, ayudando a los animales y las plantas a crecer más grandes.

BICHOS GIGANTES
En la Tierra, hace unos 350 millones de años, durante los máximos niveles de oxígeno, aparecieron milpiés de 2 metros de largo y libélulas con una envergadura de un metro. ¿Te alegra no haber estado ahí entonces?

UN LUGAR PARA CADA COSA

En otros 100 millones de años brotarán árboles y formarán densos bosques. Algunos anfibios se convertirán en reptiles, dándote lagartos, cocodrilos, quizá incluso dinosaurios, que comenzaron a pisar fuerte sobre la Tierra hace alrededor de 230 millones de años.

Más tarde aparecerán roedores, tortugas, cangrejos y aves. Y criaturas peludas a las que llamamos mamíferos. Pronto, adondequiera que mires habrá seres saltando, deslizándose y corriendo. Asómate a tus océanos y los encontrarás llenos de vida.

NICHOS

Tus plantas y animales competirán entre sí por comida y casa, agolpándose y comiéndose unos a otros. Algunas especies se extinguirán y otras continuarán. Gradualmente, cada una encontrará su lugar, o nicho, en tierra o en el mar, en el aire o bajo tierra. Con el tiempo, casi cualquier rincón de tu mundo tendrá vida.

13 500 MILLONES DE AÑOS

Tiempo: *13 500 millones de años*
- *¡Wow! ¡Están apareciendo praderas, bosques y animales! ¡Radical!*

¡NO OTRA VEZ!

Sin importar lo que hagas, seguirán ocurriendo accidentes. Más extinciones importantes ocurrieron en la Tierra hace alrededor de 360 millones de años, matando a un tercio de los seres vivos; hace 250 millones de años, cuando más del 95 por ciento de las criaturas murieron; y, más conocido aún, hace 65 millones de años, cuando se supone que el impacto de un enorme meteorito acabó con los dinosaurios y con la mitad de todos los demás seres vivos.

PREPÁRATE PARA LOS REZAGADOS

Después de casi 13 700 millones de años, tu planeta estará mucho más completo. Entonces, ¿qué piensas? ¿Algo falta? ¿Qué es? Oh, sí. Espera. Aquí vienen, en el último minuto.

¡ESPÉRANOS! Hace unos cinco millones de años, en África, ciertas criaturas parecidas a monos comenzaron a caminar en dos piernas en lugar de cuatro. Varios tipos de esos homínidos —como se conoce a nuestros primeros antepasados— surgieron en los siguientes millones de años. Pero nuestra propia especie, *Homo sapiens*, no apareció sino hasta hace entre 130 000 y 195 000 años, en África, antes de extenderse hacia Asia, Australia, Europa y, hace sólo 11 000 años, a Norteamérica.

13 695 MILLONES DE AÑOS

Tiempo: *13 695 millones de años*

- *Aparecen criaturas similares a monos.*
- *¡Mira, algunas están caminando sobre dos piernas!*

¡Y TÚ! Hace por lo menos 75 000 años, los humanos comenzaron a dibujar en las paredes de cuevas (entonces estaba permitido). Hace diez mil años comenzaron a cultivar y hace ocho mil años construyeron las primeras ciudades. Después comenzaron a hacer cosas de metal, a combatir en guerras, a construir casas, a hacer máquinas, a ir a escuelas. Entonces naciste tú, creciste, te levantaste esta mañana, y ahora estás aquí, leyendo este libro.

EN UN PARPADEO

Todo suena un poco acelerado, ¿no crees? Y en comparación con todas las otras etapas que has atravesado para hacer tu planeta, la historia humana realmente ha pasado en un parpadeo. Aunque los humanos han estado aquí durante casi 200 000 años, es sólo una pequeña fracción de tiempo en la existencia de la Tierra. Y en comparación con la historia del universo, bueno…

UN GRAN AÑO

Imagina la historia entera del universo, nuestros 13 700 millones de años, toda apretada para que quepa en un año (toma un calendario, te será útil aquí). Cada mes representará un poco más de mil millones de años. Así, si el Big Bang ocurrió el 1 de enero, las primeras galaxias aparecerán a mediados de enero. ¿Está claro? Entonces…

El Sistema Solar no se formará sino hasta agosto, y las primeras formas de vida productoras de oxígeno aparecerán a finales de septiembre. Y aun entonces, la vida no comenzará realmente a florecer sino a mediados de diciembre. Los primeros animales terrestres aparecerán el 21 de diciembre y los dinosaurios se dejarán ver en las últimas horas de la Navidad. Cuatro días más tarde se extinguirán.

EN LA ÚLTIMA NOCHE

No será sino hasta la mañana del último día del año, el 31 de diciembre, que aparecerán criaturas parecidas a monos y comenzarán a caminar erguidas hasta las nueve de la noche.

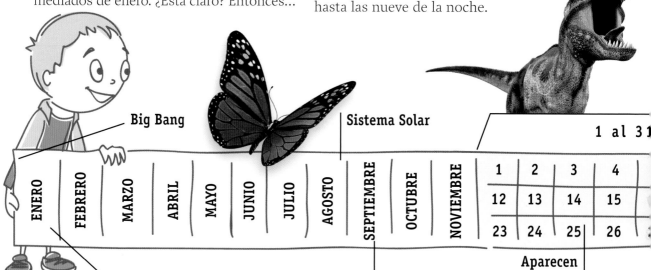

Big Bang · Sistema Solar · 1 al 31

ENERO	FEBRERO	MARZO	ABRIL	MAYO	JUNIO	JULIO	AGOSTO	SEPTIEMBRE	OCTUBRE	NOVIEMBRE	1	2	3	4
											12	13	14	15
											23	24	25	26

Se forman estrellas y galaxias · Aparecen las primeras formas de vida · Aparecen los primeros dinosaurios

Los humanos, *Homo sapiens* (¡somos nosotros!), finalmente harán su aparición cinco minutos antes de la medianoche. Pero será sólo en los últimos 30 segundos del último minuto de la última hora del último día del año cuando comience todo lo que llamamos historia. (En esta escala, Cristóbal Colón llegó a América un segundo antes de la medianoche.)

MIRA A TU ALREDEDOR

Como sea, lo hiciste, estás aquí y eso es lo que cuenta. ¡Más vale tarde que nunca! Y ahora debes tener un planeta totalmente funcional, completo con plantas y animales, nubes y lluvia, gente de todas formas y tamaños, perros y gatos, hermanos menores latosos, papás locos, etcétera.

Y si tu planeta no resultó como esperabas, no te preocupes: ya tienes uno. Uno que se ve asombroso y funciona de manera hermosa. Está ahí, al otro lado de tu ventana. Míralo con ojos frescos ahora. ¡Es realmente asombroso!

13 700 MILLONES DE AÑOS

Tiempo: *13 700 millones de años*
- **¡Ahora tu planeta está completo!**
- **¡Vengan esos cinco!**

DICIEMBRE						ÚLTIMOS 10 MINUTOS DEL 31 DE DICIEMBRE									
	7	8	9	10	11	DIEZ	NUEVE	OCHO	SIETE	SEIS	CINCO	CUATRO	TRES	DOS	UNO
7	18	19	20	21	22										
8	29	30	31												

Los dinosaurios extinguen

Los primeros homínidos aparecen

Las primeras plantas terrestres aparecen

Los primeros animales terrestres aparecen

Historia humana completa

paso 10

CUIDA DE TU PLANETA

¡**UF!** Bueno, fue mucho trabajo, ¿no crees? Miles de millones de años, fuerzas titánicas, ingredientes interminables, cuidadoso control de la temperatura, momentos difíciles, enormes cantidades de roca, polvo, agua, pegamento, cinta adhesiva y montones de suerte. Probablemente querrás tomar una siesta ahora.

PIENSA EN ESTO

Después de todo ese tiempo, esfuerzo y buena fortuna, querrás cuidar tu planeta. A final de cuentas, es verdaderamente sorprendente que éste y nosotros existamos. Imagina: si no fuera por su perfecta ubicación, el campo magnético, los cometas cargados de agua, el efecto invernadero, la capa de ozono —todas esas cosas y más—, el mundo que ahora tienes quizá nunca hubiera tomado forma.

¿SÓLO UNO?

Más aún, no es probable que haya otro cerca. Desde luego, **podría** haber planetas como el nuestro en otras partes del universo, pero tan lejos que no hemos encontrado ninguno con señales de vida. E incluso si encontráramos un lindo planeta lleno de vida más allá del Sistema Solar, por ahora no podríamos llegar a él.

APRENDE DEL PASADO

Mejor trata bien a tu planeta. Por lo menos mejor de lo que lo han tratado los humanos en los últimos 150 años. En ese tiempo hemos llenado de basura el suelo y los cursos de agua y hemos contaminado el aire. Hemos talado bosques irremplazables y usado enormes cantidades de combustibles naturales como petróleo y carbón. Nuestras actividades han comenzado a interferir con algunos de esos sorprendentes ciclos y procesos naturales que aquí has conocido.

¡DEMASIADO ACOGEDOR!

Por ejemplo, sustancias químicas hechas por el ser humano llamadas clorofluorocarbonos (o CFCs, para que tu lengua no se trabe) han dañado la capa de ozono. La conducción de vehículos impulsados por gasolina y la quema de carbón en fábricas y plantas de energía han elevado el nivel de dióxido de carbono en la atmósfera haciendo el efecto

¡Buen trabajo!

invernadero (el cual, como recordarás, mantiene caliente la Tierra) más fuerte y produciendo cosas apenas un poco **demasiado** acogedoras. Si este calentamiento global, como se le conoce, continúa, podrían secarse valiosas tierras de cultivo, derretirse las capas de hielo y aumentar el nivel del mar.

MANÉJESE CON CUIDADO

Entonces, pon tu granito de arena por la Tierra. Descubre cómo ahorrar energía y reducir los desperdicios. Disminuye el uso del automóvil caminando o pedaleando cuando sea posible. Planta árboles. Protege la vida salvaje. Compra productos amigables con la Tierra. Mantén tu planeta ordenado. Aprende a amar tu lugar en el espacio.

Y, sobre todo ...
¡DISFRÚTALO!

Datos asombrosos

NUESTRO PLANETA, LA TIERRA

Edad aproximada: 4 540 millones de años

Diámetro en el ecuador: 12 756 km

Inclinación del eje: 23.5 grados

Tiempo de rotación: 23 horas 56 minutos

Longitud del año: 365.25 días

Número de lunas: 1

Atmósfera: 78% nitrógeno, 21% oxígeno, 1% agua, argón, dióxido de carbono

Grosor promedio de la corteza: 34 km

Superficie: 70.8% océanos, 29.2% tierra

Punto más alto: Monte Everest, 8 848 m

Fosa oceánica más profunda: Fosa de las Marianas, 10 920 m bajo el nivel del mar

NUESTRO SATÉLITE, LA LUNA

Edad aproximada: 4 540 millones de años

Diámetro: 3 476 km

Atmósfera: Ninguna

Distancia media a la Tierra: 384 401 km

NUESTRA ESTRELLA, EL SOL

Edad aproximada: 4 700 millones de años

Diámetro: 1 392 000 km

Composición: 92.1% hidrógeno, 7.8% helio, 0.1% otros elementos

Distancia media a la Tierra: 150 millones de km (1 UA)

NUESTRO SISTEMA PLANETARIO, EL SISTEMA SOLAR

Edad aproximada: 4 600 millones de años

Diámetro: 50 000 UA

Número de planetas: 8

Número de lunas: 169

Número de asteroides: Millones

Número de cometas: Billones

Planeta más grande: Júpiter, 11 veces el diámetro de la Tierra

Planeta más pequeño: Mercurio, dos quintos el diámetro de la Tierra

Planeta más cercano a la Tierra: Venus, 38 millones de km de distancia (en su punto más cercano)

Planeta más lejano de la Tierra: Neptuno, 4 500 millones de km de distancia

NUESTRA GALAXIA, LA VÍA LÁCTEA

Edad aproximada: 10 400 millones de años

Diámetro: 100 000 años luz

Número de estrellas: Por lo menos 100 000 millones

Estrella más cercana a la Tierra: Próxima Centauri, 40 billones de km o 271 000 UA de distancia

Estrella más brillante: Sirio, la estrella Perro

Estrella más grande: VY Canis Majoris, 2 100 veces el diámetro del Sol

EL UNIVERSO

Edad aproximada: 13 700 millones de años

Diámetro: Por lo menos 90 000 millones de años luz; posiblemente infinito

Número de galaxias: Por lo menos 125 000 millones

Galaxia más distante observada: 13 200 millones de años luz de la Tierra

ÍNDICe

agua, 22, 40—41
agujeros negros, 25
animales, 55
asteroides, 28
atmósfera, 38
átomos, 17, 22

bacterias, 49
Big Bang, 10—14
Big Crunch, 13

calentamiento global, 61
campo magnético, 35
capa de ozono, 51
células, 48
cianobacterias, 49
cinturón de Kuiper, 29
clorofluorocarbonos (CFCs),
    61
cometas, 29, 39, 60
continentes, 44
convección, 42
corteza de la Tierra
    deriva, 42—44
    desgaste, 44—45

dinosaurios, 56
distancia
    al centro de la Tierra, 36—37
    en el espacio, 12, 31,
    38—39

efecto invernadero, 39, 61
electrones, 14
elementos, 18, 23
erosión, 45
espacio, 12, 28—31
espaguetización, 25
estaciones, 33
estrellas
    formación, 20
    tipos, 21

formas de vida
    multicelulares, 52—53

fotones, 19
fotosíntesis, 49—50
fusión nuclear, 15

galaxias
    agujeros negros, 25
    formas principales, 24
glaciaciones, 47
gravedad, 20

homínidos, 57
humanos, 57—58

lluvia, 40
Luna
    formación, 33
    fuerza gravitacional, 33
luz, 19

meteoritos, 29, 39, 50, 56,
    60
moléculas, 22

nebulosas, 21
nebulosas estelares, 26
neutrones, 14
nube de Oort, 29
núcleo de la Tierra, 34—37
núcleos, 15—16
núcleos de helio, 16
núcleos de hidrógeno, 16
números
    muy grandes, 11
    muy pequeños, 19
números atómicos, 18

océanos, 40
ondas sísmicas, 37
óxidos, 50
oxígeno, 50—51

partículas, 15
placas tectónicas, 42, 44
planetas, formación, 26—27
plantas, 54, 56

Plutón, 28
protones, 14

quarks, 14

radioactividad, 35
rocas, tipos, 46

Sistema Solar
    bandas exteriores, 29
    distancias dentro del, 30—31
    planetas rocosos y
    gaseosos, 28
sistemas planetarios, 27
Sol, 23
supernovas, 21

Tabla Periódica, 18
temperatura, 15
terremotos, 44
tiempo
    comenzando desde el
    Big Bang, 8, 58—59
    ¿qué es un año?, 28
    un año luz, 11

unidades
    astronómicas, 30
universo
    de opaco a
    transparente, 19
    origen, 10—11
    tamaño y expansión,
    11—12

Vía Láctea, 24
viaje espacial, 30—31
vida
    animales y humanos, 55,
    57—58
    formas, 52—53
    plantas y bichos, 54—56
    primeras señales, 48—50
viento estelar, 27
volcanes, 37—38

Título original: *How to Make a Planet*

Publicado originalmente por Weldon Owen Publishing
Ground Floor 42-47 Victoria Street,
McMahons Point, Sydney NSW 2060, Australia
weldonowenpublishing.com

Copyright © 2012 Weldon Owen Pty Ltd

EDICIÓN ORIGINAL

Dirección editorial Kay Scarlett

Edición Corinne Roberts

Dirección creativa Sue Burk

Dirección de concepto y proyecto Ariana Klepac

Textos Scott Forbes

Diseño Mark Thacker, Big Cat Design

Asesoría Jack Challoner

Ilustración Jean Camden, Hackett Films

EDICIÓN EN ESPAÑOL

Dirección editorial Tomás García Cerezo

Gerencia editorial Jorge Ramírez Chávez

Traducción Ediciones Larousse, S.A. de C.V.,
con la colaboración de Ana Alicia Hernández Leyva

Formación Astrid Guagnelli Sagarmínaga

Corrección Graciela Iniestra Ramírez

Adaptación de portada Sergio Ávila Figueroa

D.R. © MMXII Ediciones Larousse, S.A de C.V.
Renacimiento 180, México 02400, D.F.

www.larousse.com.mx

Primera edición en español, septiembre de 2012

ISBN: 978-1-74252-275-3 (Weldon Owen)

978-607-21-0604-8 (Ediciones Larousse)

Impreso en China - *Printed in China*

El papel usado en la fabricación de este libro proviene de árboles
cultivados en bosques sustentables. Cumple con el Sistema de
Gestión Ambiental Norma ISO 14001:2004

CRÉDITOS FOTOGRÁFICOS

JEAN CAMDEN, HACKETT FILMS: portada, páginas: 1, 3, 4 (izq.),
6, 8–9, 10 (inf) 11 (der.), 12 (sup. izq), 13 (inf.), 14–15 (centro inf.),
15 (aup. der.), 16 (inf. izq.), 17 (sup. e inf. izq), 18 (sup.), 19 (inf. der.),
21 (sup.), 22 (sup.), 23 (inf.), 24 (sup. e inf. izq.), 25, 26 (sup.), 27,
29 (sup.), 30 (sup.), 31, 32 (sup. der.), 33 (sup. e inf) 34 (sup.),
35 (inf. der.), 36 (inf. izq.), 37 (izq.), 39 (izq.), 40 (izq.), 41 (inf.),
42 (sup.), 43 (sup. der.), 44–45 (sup. centro), 45 (der.), 46 (sup)
47 (inf.), 48 (centro inf.), 49 (sup. der.), 50 (inf.), 51 (sup.), 52 (sup.),
55 (inf.), 56 (sup.), 57 (inf. der.), 58–59 (ilust. y línea del tiempo),
60 (izq.), 61, 62 (izq.), 64 (inf. der)

SHUTTERSTOCK: todas las demás imágenes

Para Ruari, Jamie, Lara, Hayden, Minnie Bo y Mal

Scott Forbes es un escritor y editor que ha trabajado en el ramo
editorial en el Reino Unido y Australia durante más de 20 años.
Es autor de *The Reader's Digest Children's Atlas of the World* y ha
contribuido en numerosos libros de historia natural, ciencia,
viajes y referencia.

El asesor **Jack Challoner** es un físico y educador apasionado por
"explicar la ciencia". Es autor de notables libros de ciencia, tanto
para niños como para adultos; trabajó en la galería interactiva
LaunchPad del Museo de Ciencia de Londres y también ha
desarrollado programas de televisión para la BBC de Escocia.